SOBREVIVÍ

EL NAUFRAGIO DEL *TITANIC*, 1912

SOBREVIVÍ

EL NAUFRAGIO DEL *TITANIC*, 1912

LOS ATAQUES DE TIBURONES DE 1916

SOBREVIVÍ

EL NAUFRAGIO DEL *TITANIC*, 1912

Lauren Tarshis

ilustrado por Scott Dawson

Scholastic Inc.

Originally published in English as *I Survived the Sinking of the* Titanic*, 1912*

Translated by Indira Pupo

ISBN 978-1-338-35915-2

16 15 14 13 26 27 28

Printed in the U.S.A. 40

First Spanish printing 2019
Designed by Tim Hall

A DAVID

AGRADECIMIENTOS

Quisiera agradecer a mi agente, Gail Hochman, por todo lo que ha hecho para que esta colección exista. También agradezco a mi magnífica editora en Scholastic, Amanda Maciel, y a Ellie Berger y Debra Dorfman, por abrirme las puertas al mundo de los libros de Scholastic. A Ben Kanter y Aaron Leopold, que me ayudaron a hacerlo todo bien. Y a mis hijos, Leo, Jeremy, Dylan y Valerie, quienes hacen de cada día un viaje emocionante.

Las estadísticas y la información utilizadas en este libro se obtuvieron principalmente a través de dos fuentes: *A Night to Remember*, de Walter Lord (Henry Holt, 1955) y *Titanic: The Ship Magnificent*, volúmenes I y II, de Bruce Beveridge, Scott Andrews, Steve Hall y Daniel Kistorner (The History Press Ltd., 2008).

CAPÍTULO 1

LUNES, 15 DE ABRIL DE 1912

2:00 A.M.

EN LA CUBIERTA DEL RMS *TITANIC*

El *Titanic* se estaba hundiendo.

El gigantesco barco había chocado con un iceberg.

Estaba muy lejos de tierra firme.

George Calder, de diez años, se paró en la cubierta y tembló de frío.

Y también de miedo, un miedo que nunca antes había sentido.

Tenía más miedo que cuando su papá juró enviarlo a la escuela militar, lejos de todo y de todos.

Tenía más miedo, incluso, que aquella vez que fue perseguido por una pantera negra en los bosques de Millerstown, en Nueva York.

La cubierta del *Titanic* estaba abarrotada de gente. Algunos corrían mientras gritaban: "¡Ayúdennos!", "¡Llévese a mi bebé!", "¡Salta!".

Otros simplemente daban alaridos. Los niños lloraban. Un disparo estalló sobre la cubierta, pero George no se movió.

"Aguántate bien", se dijo a sí mismo mientras sujetaba la baranda, como si haciendo esto pudiera mantener el barco a flote.

No podía mirar hacia abajo, al agua negra, así que miró al cielo. Nunca antes había visto tantas estrellas. Su papá le había dicho que su mamá lo cuidaba desde el cielo.

¿Lo estaría viendo ahora?

El barco se estremeció.

—¡Nos vamos a hundir! —gritó un hombre.

George cerró los ojos, con la esperanza de que todo fuera un sueño.

La noche se llenó de ruidos espantosos. Los cristales estallaban, los muebles chocaban unos contra otros. Se escuchaban más gritos y llantos; además de un sonido estremecedor, como el aullido de dolor de una bestia gigante. George trató de aferrarse a la baranda, pero no pudo. Cayó y se golpeó la cabeza contra la cubierta.

Y ya no vio nada más.

Hasta las estrellas del cielo desaparecieron en la oscuridad.

CAPÍTULO 2

19 HORAS ANTES...

DOMINGO, 14 DE ABRIL DE 1912

7:15 A.M.

SUITE DE PRIMERA CLASE,

CUBIERTA B, RMS *TITANIC*

George se despertó temprano esa mañana, esperando en cierto modo que su papá lo llamara para comenzar sus quehaceres.

Entonces, recordó: "¡El *Titanic*!".

Estaba en el barco más grande del mundo, y era su quinto día en el mar.

George y su hermana Phoebe, de ocho años, se habían pasado dos meses en Inglaterra con su tía Daisy. ¡Y la habían pasado fenomenal! Como regalo por el décimo cumpleaños de George, la tía Daisy los había llevado a ver la Torre de Londres, donde solían cortarle la cabeza a la gente que no le agradaba al rey.

Ahora volvían a América.

Volvían con su papá, a su pequeña granja al norte de Nueva York.

George salió de la cama y se arrodilló frente a la ventanita redonda que daba al océano.

—Buenos días —dijo Phoebe, mirando a través de las cortinas de seda de su cama y buscando a tientas los anteojos. Su pelo castaño y rizado estaba prácticamente de puntas—. ¿Qué miras?

George tuvo que sonreír. Phoebe era muy curiosa, incluso al amanecer. Quizás por eso era la hermanita más lista del mundo.

—Creo que vi un calamar gigante —respondió George—. ¡Y viene por nosotros!

George se precipitó hacia Phoebe y comenzó a abrazarla por todas partes, como si tuviera brazos de calamar. Su hermana se acurrucó y comenzó a reír.

Todavía reía cuando su tía entró a la habitación. Aun en bata de casa y pantuflas, la tía Daisy era la mujer más bonita del barco. A veces, George no podía creer que fuera tan vieja. ¡Tenía veintidós años!

—¿Qué pasa aquí? —preguntó la tía Daisy—. ¿Acaso no conocen la regla? ¡No se pueden divertir sin mí!

Phoebe se sentó en la cama y le pasó el brazo por encima a su hermano.

—Georgie dice que vio un calamar gigante.

La tía Daisy sonrió.

—No lo dudo. Todos quieren ver el *Titanic*, hasta los monstruos marinos.

George pensaba lo mismo. Nunca se hubiese imaginado algo como el *Titanic*.

Su tía hablaba del barco como si fuera un palacio flotante. Pero, en realidad, era mucho mejor que los castillos fríos y sucios que había visto en Inglaterra. Tenían tres habitaciones: una para Phoebe y para él, una para su tía y otra donde podían sentarse y no hacer nada. Tenían incluso un camarero llamado Henry, con el cabello rojo brillante y un acento irlandés tan fuerte que cuando hablaba parecía cantar.

—¿Toallas limpias para el baño? —decía—. ¿Chocolate caliente antes de dormir?

Y, justo antes de que apagaran las luces por la noche, Henry llamaba a la puerta y asomaba la cabeza.

—¿Necesitan alguna otra cosa? —preguntaba.

George trataba de pensar en *algo*.

Pero, ¿qué se podría necesitar en el *Titanic*?

El barco lo tenía todo: piscina de agua de mar

caliente, como para darse un baño; cortinas doradas de seda en la cama, que le permitían a uno imaginar que dormía en una guarida de piratas; y también tres comedores donde podías comer todo lo que quisieras. La noche anterior, George se había comido dos platos de carne asada, ternera, pastel de jamón, zanahorias tan dulces como el almíbar y un postre misterioso llamado pudín de merengue, que sabía a nubes azucaradas.

En realidad, *sí* faltaba algo en el *Titanic*: los Gigantes de Nueva York, el equipo de béisbol. George se preguntó qué respondería Henry si le hubiese dicho: "¡Necesito al torpedero Artie Fletcher de inmediato!".

Probablemente, el camarero hubiese dicho: "¡Enseguida, señor!".

Sonrió solo de pensar en eso.

Pero, en ese momento, vio que su tía había dejado de sonreír. Se veía muy seria.

—Tenemos que aprovechar nuestros tres últimos días en el mar —dijo la tía Daisy

bajito—. Tienes que prometérmelo, George. No quiero *más* problemas.

George tragó en seco. ¿Estaría aún molesta con él?

La noche anterior, se había deslizado por el balaustre de la gran escalera del vestíbulo de primera clase. No pudo resistirse. La madera estaba tan brillante y pulida, y hacía una curva como la de una montaña rusa.

—La señora pudo haberse movido —dijo George.

—¿Cómo? —dijo Phoebe—. ¡Llevaba cien libras de diamantes encima!

La tía Daisy esbozó una sonrisa, y George se dio cuenta. Su tía nunca lograba estar molesta con él por mucho tiempo.

La tía Daisy se le acercó. Tenía pecas en la nariz, al igual que Phoebe y que él.

—No quiero más problemas —repitió, dándole un golpecito en el pecho—. No quiero tener que enviarle un telegrama a tu padre.

George sintió que el estómago se le volvía una pelota de béisbol.

—¡No le digas a papá! —dijo Phoebe—. ¡Enviaría a George a la escuela militar!

—Me portaré bien —prometió George—. De verdad.

—Más te vale —le dijo su tía.

CAPÍTULO 3

George no quería meterse en problemas. Simplemente se le ocurrían esas *grandes* ideas. Como el primer día de la travesía, cuando escaló la enorme escalera hasta el puesto del vigía.

—¡Tía Daisy! —gritó desde allá arriba, moviendo los brazos.

Su tía lo miró y casi se desmaya.

Y, ayer, que se había dispuesto a explorar el barco, la tía Daisy le advirtió que podría perderse. Le dijo que el barco era como un laberinto. Pero él siempre encontraba el camino, incluso en el bosque inmenso que había detrás de su granja. Su mamá solía decir que tenía un mapa del mundo tras los ojos.

Había descubierto las salas de máquinas y las salas de calderas, hasta terminar en la cubierta de recreación de tercera clase. Estaba mirando a unos muchachos jugar a las canicas, cuando se dio cuenta de que no estaba solo. Un niño pequeño lo estaba mirando con sus enormes ojos color ámbar.

—Mira —le dijo, mostrándole una postal de la Estatua de la Libertad.

El niño parecía orgulloso, como si él mismo hubiese esculpido a la gran dama. George sintió que debía mostrarle algo a cambio, así que sacó su amuleto de la buena suerte: el cuchillo Bowie que su papá le había regalado cuando cumplió nueve años. Dejó que el niño pasara los dedos sobre el mango, hecho de cuerno de ciervo canadiense.

—Enzo —dijo el pequeño, irguiéndose y señalándose a sí mismo.

—George —dijo él, presentándose.

—¡Giorgio! —exclamó el niño, sonriendo.

Un hombre que estaba sentado cerca de ellos se rio. Estaba leyendo un diccionario italiano-inglés, y tenía los mismos ojos enormes del niño. George se dio cuenta de que era el padre de Enzo.

—Marco —dijo el hombre, extendiéndole la mano—. Tú eres nuestro primer amigo norteamericano.

Marco debió haber estudiado mucho el diccionario, porque George comprendió todo lo que dijo. Se enteró de que Enzo tenía cuatro años y que también había perdido a su mamá, y de que eran de un pueblito de Italia y ahora se mudaban a la ciudad de Nueva York. George le contó a Marco sobre su granja y su viaje a Inglaterra, y le explicó que toda persona decente que viviera en Nueva York tenía que ser fanático de los Gigantes. Por alguna razón, Marco encontró esto gracioso.

Cuando George dijo que se tenía que ir, Enzo se enojó mucho.

—¡Giorgio! —comenzó a gritar, tan alto como una sirena, y se aferró a la pierna de George.

La gente miraba y se tapaba los oídos. Marco le prometió al niño que volverían a ver a George, pero Enzo no paraba de gritar. George nunca había escuchado a nadie gritar así.

Cuando Enzo finalmente se calmó y le soltó la pierna, salió corriendo rumbo a su habitación y se encontró a su tía a punto de dar gritos también.

—¡Pensé que te habías caído por la borda! —exclamó la tía Daisy.

Pero ni siquiera en ese momento se veía tan molesta como la noche anterior. Se había puesto realmente furiosa.

Había que ver cómo gritó aquella señora cuando él se deslizó por el balaustre como un calamar gigante. A él no le importaba que le gritaran. Estaba acostumbrado. Todos los días, en la escuela, el Sr. Landers le gritaba: "¡George!

¡Tranquilízate!". Y su papá... bueno, su papá siempre parecía estar molesto con él.

Pero la tía Daisy, no. Y se suponía que en este viaje la pasaría muy bien, por primera vez desde la muerte de su esposo el año anterior. El sueño del tío Cliff había sido viajar en la primera travesía del *Titanic*. Se había hecho rico vendiendo automóviles y tenía dinero suficiente para pagar por una de las suites más lujosas del barco.

Cuando ocurrió el accidente y el tío Cliff falleció, George pensó que su tía cancelaría el viaje. Pero, en vez de eso, los había invitado a Phoebe y a él a acompañarla. Y, para su sorpresa, su papá les había dado permiso.

—Tu tía hará este viaje para encontrar un poco de consuelo —le había dicho su papá—. Espero que te comportes como todo un caballero.

Y, si no era así, tenía la certeza de que lo enviaría a la escuela militar. Su papá lo había estado amenazando desde que llevó a la escuela una serpiente ratonera de dos pies para mostrársela al Sr. Landers, ¡porque estaban estudiando los reptiles!

Por eso él se había portado tan bien durante el tiempo que estuvieron en Inglaterra. Se había dejado arrastrar por su tía a una tienda de ropa cara para que le comprara un nuevo par de botas. Incluso aprendió a tomar té sin escupirlo en la taza.

Pero bueno, el *Titanic* era otra cosa.

¡El barco le había dado un montón de ideas!

Sin embargo, ahora tenía que hacerlo todo perfecto.

No más travesuras por el resto del viaje.

CAPÍTULO 4

Phoebe no quería correr riesgos con George.

—No te perderé de vista —le dijo, después de terminar de desayunar—. Seré tu ángel guardián.

—No sabía que los ángeles usaran anteojos —le respondió George, jalando un rizo del cabello de su hermana.

—Los listos, sí —dijo Phoebe, y le tomó el brazo.

Luego, le ofreció un caramelo de limón de la cajita de plata que siempre llevaba consigo desde Londres. George hizo una mueca. No soportaba esos caramelos para viejas.

Tenía ganas de ir a buscar a Marco y a Enzo y aprender más sobre Italia. Quería subir y bajar en los ascensores del barco. ¡Era poco probable que otros barcos en el mundo tuvieran ascensores! Mejor aún, quería encontrar al Sr. Andrews, el diseñador del barco. Cuando el Sr. Andrews se acercó a su mesa a saludar la primera noche, a la hora de la cena, George pensó que sería otro millonario aburrido que venía a besar la mano de su tía. Pero el Sr. Andrews era diferente.

—¿Fue usted quien *construyó* el *Titanic*? —le preguntó.

El Sr. Andrews sonrió.

—No solo yo. Miles de hombres lo construyeron. Pero yo lo diseñé, eso sí.

El Sr. Andrews invitó a George y a Phoebe al

despacho de primera clase. Allí, desenrolló el plano del barco sobre una mesa larga y pulida. Era como estar viendo el esqueleto de una bestia gigante.

—Es el mayor objeto en movimiento jamás construido —explicó el Sr. Andrews—. Tiene once pisos, cuarenta y cinco mil toneladas de acero y una longitud de más de cuatro cuadras.

—Nuestra tía dice que nada malo le puede pasar a este barco —dijo Phoebe—. Dicen que no se puede hundir.

—No hay un barco más seguro —dijo el Sr. Andrews—. Esa es la verdad.

—¿Qué sucedería si el *Titanic* es golpeado por un meteorito? —preguntó Phoebe, cuya obsesión más reciente era el espacio exterior.

Estaba determinada a ver una estrella fugaz antes de atracar en Nueva York.

El Sr. Andrews no se rio ni puso los ojos en

blanco, como hacía el Sr. Landers cuando Phoebe hacía alguna de sus preguntas.

—No había pensado en la posibilidad de un meteorito —dijo, pensativo—. Pero me gustaría pensar que el barco podría soportar cualquier cosa y aún flotar.

Phoebe parecía satisfecha.

—¿Me podría decir si tiene pasadizos secretos? —preguntó George.

El Sr. Andrews estudió los planos y luego señaló las salas de calderas.

—Tiene escaleras de escape —dijo—. Se encuentran del lado derecho del barco, tres niveles hacia arriba, a través de los aposentos de los fogoneros y hacia su comedor. He oído que la tripulación prefiere usar esas escaleras y no las convencionales.

George podía haberse quedado allí toda la noche. Hizo un millón de preguntas y el Sr. Andrews las respondió todas.

—Yo era como tú cuando niño —le dijo el Sr. Andrews justo antes de que su tía viniera a buscarlos—. Un día construirás tu propio barco.

George sabía que eso no sucedería. Apenas podía pasar todo el día en la escuela. Pero le agradó que el Sr. Andrews lo dijera. Y, sin dudas, le gustaría encontrar esas escaleras secretas.

Pero Phoebe opinaba diferente. Primero,

arrastró a George a la biblioteca de primera clase porque quería hojear un libro sobre el cometa Halley. Luego se lo llevó a caminar por la cubierta del barco. George se sentía como un perro.

—¡Qué raro! —dijo Phoebe al ver los botes salvavidas que colgaban de la cubierta—. Solo hay dieciséis botes. Eso no es suficiente para todos.

—El barco no se puede hundir —le dijo George—. Así que, ¿para qué sirven?

Phoebe se encogió de hombros.

—Supongo que tienes razón —dijo, y anunció que era hora de contar cuántas damas llevaban sombreros con plumas azules.

George gruñó. Este sería el día más aburrido de su vida, pero al menos nadie le estaba gritando.

CAPÍTULO 5

Esa noche, durante la cena, la tía Daisy alzó su copa.

—¡Por George! ¡Un día entero sin causar problemas! —brindó.

Todos celebraban el gran logro, cuando un anciano se detuvo junto a la mesa.

—Sra. Key, qué gusto saludarla —le dijo a la tía Daisy.

—¡Sr. Stead! —dijo la tía—. ¡Qué placer! Le presento a George y a Phoebe, mis sobrinos.

El Sr. Stead inclinó la cabeza.

—Dígame —dijo la tía Daisy—, ¿qué lo trae a este magnífico barco?

—No me lo podía perder —respondió el Sr. Stead—. Creo que la crema de la sociedad está aquí. Escuché que había hasta una princesa egipcia a bordo.

—¿De veras? —dijo la tía Daisy—. ¡No la he conocido!

—Bueno, nadie la ha conocido. Está viajando en la bodega de equipajes de primera clase.

—¿Perdón? —dijo la tía Daisy.

—La princesa tiene más de dos mil quinientos años —dijo el Sr. Stead.

George paró las orejas.

—No estoy segura de comprenderlo —dijo la tía Daisy.

—Es una momia —dijo el Sr. Stead.

—¡Una momia! —susurró Phoebe.

—Así es. De una tumba cerca de Tebas. Creo que pertenece a un hombre llamado Burrows. La gente comenta que el tal Burrows le vendió el ataúd de la momia al Museo Británico. Luego, empacó a la momia en una caja de madera. Aparentemente, la lleva a América para que forme parte de su colección. Algunos dicen que sacar a una momia de su tumba trae mala suerte.

—¡Menos mal que yo no creo en supersticiones! —dijo la tía Daisy—. En cualquier caso, nada puede afectar a este barco. ¡Ni siquiera la maldición de una momia!

El Sr. Stead sonrió, inclinó su sombrero y se despidió.

—El Sr. Stead es un escritor muy famoso en Inglaterra —explicó la tía Daisy—. ¡Nunca sabes a quién te encontrarás en el *Titanic*!

Y, en ese momento, a George se le ocurrió la mejor idea del mundo. ¡Tenía que ver a esa momia! Quizás el día no terminaría tan aburrido después de todo.

CAPÍTULO 6

George no les contó su plan ni a Phoebe ni a la tía Daisy.

Supuso que debía esperar a que se durmieran para luego ir a la bodega de equipajes de primera clase. Encontraría la caja del Sr. Burrows, la forzaría para abrirla y le echaría un vistazo a la momia. Estaría de vuelta en su cama roncando antes de que notaran su ausencia.

Eran casi las once y cuarto cuando su hermana finalmente se durmió y la luz se apagó en la habitación de su tía. Se deslizó fuera de la cama, se vistió rápidamente y se metió el cuchillo en el bolsillo. Lo necesitaría para forzar la caja. Y, ¿quién sabe? Quizás habría también una cobra viva adentro. Soñar no costaba nada, ¿cierto?

Abrió la puerta y le echó un vistazo al pasillo. Quería evitar a Henry, que parecía tener ojos en la parte trasera de su cabeza de color rojo brillante. A Henry no le gustaría verlo dando vueltas por ahí tan tarde.

Pero el pasillo estaba tranquilo. No se escuchaba ningún ruido, excepto el zumbido sordo de los motores del barco que se elevaba desde sus entrañas. George amaba ese ruido. Le recordaba al sonido de los grillos en el bosque por la noche. De hecho, le recordaba las ocasiones en que se escapaba al bosque cuando su papá y Phoebe estaban durmiendo.

No había dado tres pasos cuando su cabeza comenzó a llenarse de preguntas. Se preguntaba por qué su papá siempre estaba enojado con él, o por qué no se esforzaba un poco más en la escuela.

Y, por supuesto, pensó en su mamá.

Habían pasado casi tres años desde que había muerto. Intentaba no pensar mucho en ella, pero algunas noches, cuando cerraba los ojos, recordaba su sonrisa o su olor cuando lo abrazaba: olor a hierba fresca y a flores.

Y la canción que cantaba para despertarlo en las mañanas:

Despierta, despierta.
¡Ya está amaneciendo!
Pero no olvides tus sueños...

Pensar en su mamá era como estar cerca de una hoguera: calentito al principio pero, si se acercaba demasiado, comenzaba a doler. Era mejor mantener alejados esos pensamientos.

Nada aclaraba tanto su mente como estar en el

bosque. Nunca permanecía allí más de una hora o dos... Salvo aquella noche de octubre.

Estaba regresando a casa cuando escuchó un sonido espantoso, como el grito de una niña. Se volteó y vio dos ojos amarillos que brillaban en la oscuridad.

Los viejos decían que había panteras negras en el bosque, pero él nunca lo había creído.

Sin embargo, cuando los ojos comenzaron a acercarse, pudo distinguir el contorno de un enorme felino con dos colmillos relucientes.

Pensó que correr no sería una buena idea. Sabía que la pantera era mucho más veloz que él, pero no lo pudo evitar. Corrió tan rápido como sus piernas se lo permitieron. Las ramas le cortaban la cara, pero no se detuvo ni a mirar atrás.

En cualquier momento, la pantera se abalanzaría sobre él y lo desgarraría. De hecho, podía sentirla a sus espaldas. Podía oler su aliento a carne putrefacta.

Agarró una rama del suelo y se volteó para

enfrentarla. La pantera lo embistió y mordió la rama.

George soltó la rama y trepó a un árbol, tan alto como pudo.

El felino soltó la rama y lo persiguió, como una sombra con ojos brillantes.

George sacó el cuchillo.

Esperó hasta ver las patas delanteras del felino en la pequeña rama que tenía frente a él. Y entonces, con toda su fuerza, le dio un tajo a la rama con el cuchillo.

¡Crac!

La rama se quebró.

El gran felino dio una voltereta en el aire, chillando y chocando con las ramas del árbol hasta aterrizar con un golpe seco en el suelo.

Se hizo el silencio.

Luego, la pantera se levantó, miró a George por un largo rato, se dio la vuelta y se adentró lentamente en el bosque.

George se quedó en el árbol casi hasta el

amanecer. Logró regresar a la cama justo antes de que su papá se despertara.

Sus amigos en la escuela no le creyeron cuando les contó lo sucedido, aun cuando lo juró por su vida.

—¡No es posible!

—¡Mentira!

—¡Embustero! ¡La próxima vez dirás que has firmado con los Gigantes!

Todos se rieron, pero él ni se molestó porque, en ese momento, se dio cuenta de que no le importaba lo que pensaran.

Sabía que se había enfrentado a la pantera, y eso nunca lo olvidaría.

CAPÍTULO 7

George se sentía feliz solo de pensar que vería a la momia. Bajó cinco tramos de escaleras hasta la cubierta G, y fue prácticamente saltando por el largo pasillo hasta la parte delantera del barco. Varias veces tuvo que esconderse para no ser visto por los camareros nocturnos, pero no tuvo problemas para encontrar el camino, a diferencia de Phoebe, que se perdió una vez en el barco caminando del comedor al lavabo.

—La próxima vez dejaré un caminito de migas

de pan, como Hansel y Gretel —dijo Phoebe en su primer día a bordo del *Titanic*.

—¿Y por qué no de caramelos de limón? —sugirió George.

Phoebe se rio.

La bodega estaba en la parte delantera del barco, al pasar la oficina de correos y los camarotes de los fogoneros y los bomberos. George pensó que era una pena no tener tiempo para ir a ver las escaleras de escape. Por suerte, quedaban dos días más en alta mar.

Atravesó las puertas y bajó la escarpada escalera de metal que llevaba a la bodega de equipajes de primera clase. De pronto, se encontró rodeado de cajas, maletas y baúles cuidadosamente apilados en estantes y alineados en el suelo. Le tomó un minuto darse cuenta de que estaban organizados por orden alfabético, según los nombres de los dueños, y le tomó unos minutos más encontrar la letra B.

Entonces la vio, una sencilla caja de madera con la siguiente inscripción:

SR. DAVID BURROWS
CIUDAD DE NUEVA YORK
CONTENIDO FRÁGIL

George sonrió para sus adentros.

Esto iba a ser fácil.

Sacó el cuchillo y comenzó a forzar la tapa de la caja. Lo hizo con mucho cuidado, levantando cada uno de los clavos para luego poder cerrarla del mismo modo en que se encontraba.

Estaba a punto de lograrlo cuando escuchó un sonido extraño.

Se le puso la piel de gallina.

Fue la misma sensación que tuvo la noche de la pantera, como si alguien o algo lo estuviera observando.

Miró la caja, con el corazón acelerado.

Y, antes de que pudiera tomar un respiro, algo saltó de las sombras y lo lanzó al suelo.

George miró hacia arriba, esperando ver una

momia salir de la caja y agarrarle la garganta, pero lo que vio fue casi igual de horripilante.

Se trataba de un hombre de brillantes ojos azules, con una cicatriz a un lado de la cara.

El hombre le arrebató el cuchillo. Era bajito, pero muy fuerte.

—Me quedaré con esto —dijo, admirando el cuchillo. Luego, miró a George de arriba a abajo—. Así que tratando de llenarte los bolsillos con dinero de primera clase —añadió.

George se dio cuenta que el hombre era un ladrón. ¡Lo había atrapado en flagrante!

—No, yo...

El hombre apuntó hacia las botas del chico.

—¿De qué baúl las sacaste? Deben costar más que un billete de tercera clase.

George negó con la cabeza.

—Las compré en Londres —dijo, y se dio cuenta demasiado tarde de que había cometido un error.

—Ah, un príncipe de primera clase —dijo el ladrón, soltando una carcajada—. ¿En busca de una aventura? ¿Cómo te llamas?

—George —susurró el chico.

—Príncipe George —dijo el hombre, haciendo una reverencia—. Es una lástima que esas botas no me sirvan —agregó, y se puso de pie—. Pero sí tienes algo que quiero: tu llave. Siempre he querido ver un camarote de primera clase.

¡De ninguna manera George le permitiría entrar a la suite! Se lanzaría al mar antes de permitirle acercarse a su tía y a su hermana.

—¡Hay una momia acá abajo! —dijo de modo impulsivo—. ¡Vale millones! ¡Está en esa caja!

El hombre arqueó una ceja. George siguió hablando.

—Pensé que podría esconderla en algún sitio y venderla en Nueva York —mintió—. El negocio de mi padre va mal, así que podría hacer algún...

El hombre miró la caja.

—Me gusta como piensas —dijo.

Agitó el cuchillo frente a George y le pidió que no se moviera. Luego, comenzó a abrir la caja. Por la manera en que lo hacía, era evidente que tenía experiencia.

Levantó la tapa pero, antes de que alguno de los dos pudiera mirar dentro, se escuchó un gran estruendo y la bodega comenzó a temblar con tanta fuerza que George casi se cae. El temblor se hacía cada vez más fuerte y el ruido cada vez más alto, como si se tratara de una procesión de truenos. Un baúl cayó de un estante y golpeó al hombre de la cicatriz en la cabeza. El cuchillo cayó al suelo, pero George no intentó recuperarlo. Era su única oportunidad de escapar. Se volteó, corrió escaleras arriba y salió disparado por la puerta.

CAPÍTULO 8

George corrió por el pasillo tan rápido como pudo. Escuchó gritos a sus espaldas, pero no se detuvo hasta llegar a la cubierta B y estar a salvo en primera clase.

Un camarero pasó a toda prisa por su lado con un montón de toallas limpias.

—Buenas noches, señor —le dijo.

George inclinó la cabeza, sin aliento.

Sabía que nada podía sucederle allí arriba.

Entonces, ¿por qué el corazón le latía con tanta fuerza?

Se dio cuenta de que el ruido espantoso y el temblor en la bodega indicaban algún problema con el barco. ¿Habría explotado una caldera? ¿Habría estallado una tubería?

Un silencio escalofriante se adueñó del *Titanic*, y el corazón se le detuvo al notar que los motores se habían apagado. El ruido sordo que emanaba de las entrañas del barco había desaparecido.

Entonces, escuchó a un grupo de gente hablando muy alto. ¿Acaso sabían lo que había sucedido?

Salió a la cubierta y se acercó a una pequeña multitud de hombres que estaba allí, de pie. Casi todos aún vestían esmoquin y fumaban puros. Estaban parados junto a la baranda, señalando y riéndose de algo que había en la cubierta inferior. ¿Qué les causaba tanta gracia?

Se metió entre dos hombres y miró por encima de la baranda.

Al principio, pensó que sus ojos lo engañaban. Parecía como si una tormenta de nieve hubiera pasado por allí. La cubierta estaba llena de hielo y escarcha. Un grupo de muchachos con abrigos y sombreros harapientos jugaban con el hielo, muertos de risa.

—¿Qué pasó? —preguntó un hombre que acababa de llegar.

—¡El barco rozó un iceberg! —respondió un señor mayor con bigote. No parecía preocupado.

¡Un iceberg!

—¿Por eso detuvieron los motores? —preguntó el recién llegado—. ¿Por un poco de hielo?

—Al parecer están siguiendo las regulaciones. Hablé con uno de los oficiales y me aseguró que estaremos en marcha en cualquier momento —dijo el señor mayor, y se volteó hacia la baranda—. ¡Oigan! —les gritó a los muchachos de la cubierta inferior—. ¡Lancen un poco de ese hielo para acá!

Uno de los muchachos recogió un pedazo de

hielo del tamaño de una pelota de béisbol y lo lanzó. Pero no fue el hombre del bigote quien lo atrapó, sino George, que lo esperaba con el brazo extendido. La multitud lo aclamó. El chico sostuvo el hielo en la mano y sonrió. Luego se lo ofreció al señor.

—¡Quédatelo, hijo! —dijo el hombre—. Hay suficiente para todos.

El pedazo de hielo era mucho más pesado de lo que George había imaginado. Lo olfateó e hizo una mueca. ¡Olía a sardinas viejas!

Más bolas de hielo volaban desde abajo, y los hombres se empujaban para atraparlas. Sus risas y ovaciones rodearon a George, y el miedo que había sentido en la bodega de equipajes se desvaneció. Desde allá arriba, en una de las cubiertas de ese barco increíble, se sintió invencible. Nada podría hundir al *Titanic*: ni un meteorito caído del espacio, ni un calamar gigante, ni tan siquiera el hombre de la cicatriz.

Entrecerró los ojos, con la esperanza de ver el

iceberg en la distancia, pero se había perdido en la oscuridad.

Entonces, sintió frío. Hacía mucho más frío que a la hora de la cena y deseó estar en su cama, acurrucado bajo las elegantes sábanas y mantas de primera clase. El pasillo aún estaba muy tranquilo cuando subió a la suite.

Casi al llegar, sintió crujir algo bajo una de sus botas. Al principio, pensó que sería un pedazo de hielo o de vidrio. Pero, al mirar, vio que la alfombra estaba cubierta de pedacitos de caramelo amarillo.

Sonrió. Eran los caramelos de limón de Phoebe. Entró a la suite, cerrando la puerta con suavidad. Las cortinas de la cama de su hermana estaban cerradas y la luz de la habitación de su tía continuaba apagada, así que se puso rápidamente el pijama y se metió a la cama.

Sí, estaba a salvo, se dijo para sus adentros.

Trató de dormirse, pero, a medida que los minutos pasaban, su mente se inquietaba.

Recordó que había perdido el cuchillo para siempre y el silencio total del barco le oprimía el pecho. ¿Por qué los motores no volvían a arrancar?

Allí estaba, totalmente despierto, atento e inquieto. Fue casi un alivio cuando escuchó a alguien llamar a la puerta.

CAPÍTULO 9

Era Henry.

—Hola, George —dijo el camarero—. ¿Puedo hablar con la Sra. Key, por favor?

Henry mostraba su habitual sonrisa cortés, pero el tono de su voz no era alegre.

—¿Qué sucede? —preguntó la tía Daisy, saliendo de su habitación.

—Disculpe que la moleste a estas horas, señora —dijo Henry—, pero ha ocurrido un... incidente.

La tía Daisy miró con furia a George.

—Lo siento, Henry —dijo, exasperada—. ¡Parece que mi sobrino no puede dejar de causar problemas!

—¡No, señora! —exclamó Henry—. No tiene nada que ver con George. Se trata del barco. Hemos chocado con un iceberg. Estoy seguro de que el capitán solo está tomando precauciones, pero quiere a todos en la cubierta.

—Es pasada la medianoche —dijo la tía Daisy, riendo—. ¡Supongo que no querrá que vayamos en pijama!

—No, señora. Hace mucho frío —dijo Henry, acercándose a la cómoda y sacando tres chalecos salvavidas—. Deberán ponerse estos sobre los abrigos.

La tía Daisy miró los chalecos salvavidas como si el camarero sujetara disfraces de payaso.

—¡Henry! ¡No voy a exponer a los niños a ese frío por gusto! ¿Acaso el capitán Smith perdió la razón?

—Por supuesto que no, Sra. Key —dijo

Henry—. Ahora, ¿serían tan amables de alistarse? Estaré de vuelta en un momento para ver si me necesitan.

El camarero se marchó y los dejó solos.

—Muy bien, George —dijo la tía Daisy—. Supongo que tendremos otra aventura digna de contar cuando regresemos. Vístete. Yo despertaré a tu hermana.

La tía Daisy fue hasta la cama de Phoebe y descorrió las cortinas.

George escuchó un suspiro, y se acercó rápidamente. Phoebe no estaba en su cama.

—¿Dónde podrá estar? —preguntó la tía Daisy.

George sintió un escalofrío. Phoebe, su ángel guardián, debió de haberse despertado mientras él estaba afuera y seguramente andaba buscándolo por el barco. El chico respiró profundamente.

—Salí a explorar después de que ustedes se durmieran —dijo George—. No pensé que Phoebe se despertaría. ¡Nunca lo hace!

—¿Así que anda buscándote? —preguntó la tía Daisy.

George asintió.

—No quiere que me meta en problemas —dijo, mirando al suelo.

Su tía tenía razones suficientes para estar furiosa con él, ¡y su papá también! No tenía ni una pizca de juicio. ¿Cómo encontrarían a su hermana? Entonces, se le ocurrió una idea... ¿Qué significaban los caramelos de limón que acababa de ver? ¿Sería lo que estaba pensando?

Corrió hacia el pasillo, que aún estaba vacío. Al parecer, Henry no había tenido mucha suerte sacando a la gente de la cama y llevándola a cubierta. Dio unos pasos.

¡Allí!

Caminó un poco más.

¡Sí, otro caramelo de limón! ¡Phoebe! ¡Qué lista era!

La tía Daisy caminaba detrás de él.

—Dejó un rastro de caramelos de limón —dijo George.

Su tía lo miró, confundida.

—Como Hansel y Gretel —explicó George—. Dejó un rastro para encontrar el camino de regreso.

CAPÍTULO 10

George y su tía regresaron a la suite. Se vistieron apresuradamente y se pusieron los chalecos salvavidas. La tía Daisy agarró el mejor abrigo de Phoebe, y George, el chaleco salvavidas extra. Primero, buscarían a Phoebe y luego irían a la cubierta de inmediato. Al día siguiente, se reirían de lo sucedido durante el desayuno.

George pensó que quizás su hermana habría ido a la cubierta. Seguramente se despertó cuando el barco chocó con el iceberg y, al ver qué él no estaba, fue a ver qué pasaba afuera. Pero, cuando llegaron a la escalera principal, George se dio cuenta de que los caramelos se dirigían a los niveles inferiores del barco.

El corazón le dio un vuelco. Phoebe se había dirigido a la bodega de equipajes de primera clase porque sabía que él querría ver la momia.

Claro que lo sabía. Su hermana podía leerle la mente.

Un escalofrío lo recorrió de pies a cabeza. ¿Y si el hombre de la cicatriz aún estaba allí al llegar Phoebe?

George echó a correr escaleras abajo mientras su tía lo seguía sin parar de llamarlo. Cuando llegaron a la cubierta G, una reja les impidió continuar adelante.

—Esta reja no estaba aquí cuando bajé —dijo George.

El chico intentó abrirla, pero estaba cerrada

con llave. Del otro lado, una multitud de gente esperaba, impaciente. Eran pasajeros de tercera clase, a juzgar por sus ropas raídas.

—Mira —dijo la tía Daisy, apuntando a un caramelo de limón del otro lado de la reja, cerca de la pared—. ¡Disculpe! —dijo, llamando al camarero que estaba frente a la multitud.

—Ha tomado el camino equivocado, señora —dijo el hombre, mirando el enorme anillo de diamantes de la tía Daisy—. El capitán quiere que los pasajeros de primera clase vayan a cubierta.

—Mi sobrina está en algún lugar acá abajo —dijo la tía Daisy—. Necesito que nos deje pasar.

—No es posible que haya llegado hasta aquí —dijo el camarero.

—Estamos seguros de que es así —dijo la tía Daisy—. Así que, por favor, abra la puerta.

—Lo siento mucho, señora —dijo el camarero—. Las regulaciones...

—¡Abra la puerta de una vez! —gritó la tía Daisy, en un tono que George nunca antes le había escuchado usar.

El hombre sacó una llave del bolsillo y abrió la reja. Se hizo a un lado para dejarlos pasar, pero la multitud se precipitó hacia delante.

—¡Atrás! —gritó el camarero—. ¡Ya les avisaremos cuando sea su turno de subir!

Algunos de los hombres arremetieron contra él. La tía Daisy tomó de la mano a George.

El camarero sacó una pistola del bolsillo. La mano le temblaba mientras la agitaba frente a la multitud. George y su tía lograron pasar y el camarero cerró la reja tras ellos. Ahora estaban atrapados allí abajo, como todos los demás. Atravesaron la multitud, zigzagueando entre baúles y pasando sobre niños dormidos. Había mucha gente. Sería prácticamente imposible seguir el rastro de caramelos que había dejado Phoebe.

De pronto, George sintió un golpe por detrás. Alguien lo abrazaba por la cintura con tanta fuerza que no podía respirar.

El corazón se le detuvo. ¿Sería el hombre de la cicatriz?

—¡Giorgio! —gritó Enzo.

A George casi se le rompen los tímpanos del grito que lanzó el pequeño. El padre de Enzo se acercó corriendo e intentó apartarlo, pero el niño no soltaba a George.

—¡NO! —gritaba.

—Lo siento —dijo Marco, disculpándose con la tía Daisy, que no comprendía lo que sucedía—. Somos viejos amigos de Giorgio.

George comenzó a presentar a su tía, pero, antes de decir tres palabras, Enzo lo arrastró pasillo abajo, abriéndose camino a codazos.

—¡Mira! ¡Mira! —dijo Enzo.

—¿Qué? —preguntó George—. No...

—¡Mira!

¿Qué quería el niño? ¿Qué quería que mirara?

La respuesta estaba a solo unos pasos, a través de una puerta abierta.

Se trataba de la oficina de correos, salvo que ahora lo único que se veía era agua, agua verde subiendo en remolinos por las escaleras; agua espumosa, como en un río revuelto. Los sacos llenos de correspondencia subían y bajaban en el agua. Cientos de cartas flotaban en la superficie. En ese momento, George comprendió lo que Enzo quería decirle.

Mar. El mar. El *Titanic* se estaba llenando de agua de mar.

CAPÍTULO 11

"No se puede hundir. No se puede hundir", se decía George a sí mismo una y otra vez, como si se tratara de una plegaria.

Pensó en el Sr. Andrews y en cuán seguro estaba de su barco. Pero, mientras más miraba al agua verde espumosa que subía con espantosa rapidez, más certeza tenía de que el *Titanic* estaba en problemas.

—Tenemos que subir —le dijo Marco a la tía

Daisy—. Hay que buscar una manera de salir de aquí.

La tía Daisy negó con la cabeza, aferrándose al abrigo azul de Phoebe.

—Mi sobrina Phoebe —dijo—. Está allá abajo...

George notó que su tía intentaba contener las lágrimas. Nunca la había visto tan triste y desamparada, ni siquiera cuando murió su tío.

—Vino hasta aquí buscándome —dijo George—, y no la hemos encontrado.

A Marco le brillaron los ojos.

—Tengo una idea —dijo.

Se arrodilló y le habló a Enzo en italiano. El niño asintió, sonriendo. Luego, Marco lo cargó sobre sus hombros.

Enzo tomó aire y comenzó a gritar:

—¡Phoebe! ¡Phoebe!

Todos dejaron de hablar y miraron al niño.

—¡Phoebe! ¡Phoebe!

Y, en medio del silencio que se hizo, George escuchó una voz distante.

—¡Aquí estoy! ¡Aquí estoy!

La multitud se apartó y la chica apareció, con los anteojos rotos y la cara pálida. Se tambaleó hacia delante y se arrojó a los brazos de George, escondiendo la cara en el pecho de su hermano.

—Te encontré —susurró.

George no se molestó en discutir quién había encontrado a quién. Tenía las palabras atoradas en la garganta, así que se limitó a abrazarla con fuerza.

Después de un buen rato, Phoebe se calmó y pudo contar lo sucedido. Había salido a buscar a George y se dirigió a la bodega de equipajes. Entonces, quedó atrapada entre la multitud de personas que corrían hacia la parte trasera del barco.

—Fue como una estampida —dijo.

Mientras Phoebe hablaba, su tía la ayudó a

ponerse el abrigo y el chaleco salvavidas. Enzo le tomó la mano a Phoebe, como si fueran viejos amigos. Los tres sentían que conocían al niño y a su padre de toda la vida. Quizás eso es lo que sucede cuando uno queda atrapado con alguien en un barco que se está hundiendo.

George comenzó a sentirse aliviado una vez que tuvo a su hermana a su lado. Unos minutos más tarde, sin embargo, se escuchó un fuerte estruendo y una especie de gemido se adueñó del aire. Al principio, el chico pensó que los motores del barco habían arrancado. Pero no, ese no era el sonido de los poderosos motores del *Titanic*.

Entonces, el barco se inclinó violentamente hacia delante y la gente comenzó a caer como fichas de dominó. George chocó contra una pared mientras los gritos retumbaban a lo largo del pasillo. Logró sujetar a Enzo por el chaleco salvavidas cuando el niño pasó volando a su lado. Enzo soltó una risita al caer sobre el regazo de su amigo. Para él, esto era un juego divertido, y

George tenía la esperanza de que nunca llegara a saber la verdad.

—¿Qué fue eso? —susurró Phoebe, apretando con fuerza el brazo de George.

Nadie contestó, pero todos sabían qué era. El *Titanic* se estaba hundiendo.

—Vamos a subir —dijo Marco.

—¿Cómo? —preguntó la tía Daisy.

—Georgie —dijo Phoebe, sujetando la mano de su hermano.

—¿Qué? —dijo George.

—Phoebe tiene razón. Tú conoces el barco mejor que nadie —dijo la tía Daisy, y se volteó hacia Marco—. Mi sobrino ha explorado cada centímetro de este barco.

George no lo podía creer. ¿Le estaban pidiendo que los guiara? Pero, ¿y si cometía un error? ¿Y si se perdían por su culpa?

—Tú puedes —le susurró Phoebe.

Entonces, el chico cerró los ojos y visualizó los planos del Sr. Andrews. Recordó lo que el diseñador del barco le había dicho: "Tiene escaleras de escape. Se encuentran del lado derecho del barco, tres niveles hacia arriba".

George señaló hacia la parte delantera del barco.

—Por aquí —dijo.

CAPÍTULO 12

En esa dirección ya no había personas, solo maletas y baúles abandonados.

Y agua que se filtraba por debajo de las puertas de algunos de los camarotes. No era de extrañar que todos estuvieran intentando subir. Seguramente se dieron cuenta enseguida de que el barco se estaba hundiendo.

La puerta que daba a los aposentos de los fogoneros estaba cerrada. Marco le pasó el niño a George y embistió la puerta con el hombro.

George entró de inmediato y fue hasta la pared del fondo. Allí encontró una escalera atornillada a la pared, justo como el Sr. Andrews le había dicho. La escalera salía del suelo y llevaba directamente a un orificio en el techo. Sintió tanto alivio que casi se echa a reír.

—¡Bravo, George! —dijo Marco.

—¡Bravo, Giorgio! —dijo Enzo, aplaudiendo.

George comenzó a subir la escalera, con Phoebe y su tía pisándole los talones. Le preocupaba Enzo, pero el niño trepó como un mono delante de Marco.

La escalera los llevó hasta un pequeño comedor destinado a la tripulación. Entonces, George los guio a través de un largo pasillo de segunda clase hasta llegar a la gran escalera, que los condujo a la atestada cubierta del barco.

¡Lo habían logrado!

Un oficial se acercó rápidamente a la tía Daisy.

—Señora, hay un bote salvavidas a punto de

salir. Usted y los niños deben abordar inmediatamente.

El hombre miró a Marco.

—Solo mujeres y niños, señor —dijo el oficial con seriedad—. Me temo que deberá esperar con el resto de los caballeros.

Marco asintió.

—Sí —dijo—. Comprendo.

Phoebe había estado en lo cierto: no había suficientes botes salvavidas para todos.

¿Qué les sucedería a esos hombres que estaban en la cubierta? ¡Había cientos! ¿Y qué le sucedería a la tripulación? ¿Y a todas las personas que estaban en la cubierta G?

El corazón de George latía con tanta fuerza que pensó que se le saldría del pecho. Se sentía mareado.

Marco se agachó y le habló a Enzo en voz baja. El niño asintió y Marco lo besó en la frente. Entonces, Enzo corrió hacia la tía Daisy, que enseguida lo cargó.

—Le dije que iría en un bote especial —dijo Marco—. Le dije que usted no lo abandonaría.

La tía Daisy asintió, con los ojos llenos de lágrimas.

—Se lo prometo.

Marco y la tía Daisy se miraron. Ninguno de los dos pronunció palabra alguna, pero lo dijeron todo con la mirada.

Phoebe lloraba mirando en otra dirección para que Enzo no la viera. George sentía como si alguien lo asfixiara.

—¡Vamos! —gritó el oficial.

Así fue como se despidieron de Marco. Cuando George se volteó a mirarlo unos segundos después, había desaparecido.

El oficial los guio a través de una multitud de hombres hacia un costado del barco, donde un bote salvavidas colgaba de la parte de afuera. Estaba repleto de gente, en su mayoría mujeres y niños, salvo dos marineros que estaban parados a cada extremo del bote.

Un oficial ayudó a Phoebe a cruzar la baranda, y uno de los marineros la cargó y la puso en el bote. Luego, George ayudó a Enzo, que cayó al lado de Phoebe. La tía Daisy tuvo dificultad para trepar la baranda con sus faldas, pero George le sujetó la mano y logró que finalmente se sentara en el bote.

Ahora le tocaba a él. Pero, justo cuando se iba a subir a la baranda, alguien lo haló hacia atrás.

—No hay más espacio. Solo mujeres y niños. ¡Bajen el bote! —gritó el oficial.

—¡No! —gritó la tía Daisy, poniéndose de pie—. ¡Solo tiene diez años! ¡Esperen!

El bote se balanceó y casi se vuelca. Las mujeres del bote comenzaron a protestar.

—¡Nos ahogaremos por tu culpa! —gritó una.

—¡Siéntese o la tiraré por la borda! —dijo uno de los marineros.

Phoebe y Enzo comenzaron a llorar.

George estaba demasiado conmocionado para moverse.

Phoebe se levantó de golpe, se sujetó de una de las cuerdas que sujetaban el bote e intentó trepar al barco. De pronto, su mano se deslizó y quedó colgando sobre el agua. George se quedó sin aliento. Un marinero agarró a la chica por la cintura y la lanzó al interior del bote. Entonces, finalmente, este se deslizó y cayó al agua.

George escuchaba a su hermana y a su tía gritarle mientras los marineros remaban, alejándose del barco. Se quedó parado del otro lado de la baranda, mirando y temblando, y estuvo allí por un buen rato después de que el bote desapareciera en la oscuridad.

No podía mirar al agua, así que miró al cielo y a las estrellas.

Cerró los ojos y se dijo a sí mismo que aquello era una pesadilla. En realidad, estaba durmiendo en su suite, o mejor, estaba en la granja, en su cama, con Phoebe acostada al otro lado de la habitación y su papá sentado junto al fuego.

Apretó los ojos aún más. Trató de bloquear los ruidos espantosos a su alrededor. Sintió que se inclinaba hacia un lado y se agarró con fuerza a la baranda. Pero no pudo sujetarse más. Su mano resbaló y él cayó, golpeándose la cabeza contra la cubierta. Y entonces, se hizo el silencio.

CAPÍTULO 13

George sintió que unos brazos fuertes lo cargaban.

—¿Papá? —dijo el chico—. ¿Papá?

¿Por qué le dolía tanto la cabeza? ¿Acaso la pantera lo había tumbado del árbol? ¿Estaría enfermo como su mamá? ¿De quién era esa voz que le susurraba al oído?

—Giorgio. Giorgio. Despierta.

George abrió los ojos. Los ojos ámbar de Marco lo alumbraron. No estaba soñando. No estaba enfermo. El *Titanic* se estaba hundiendo.

La proa estaba completamente bajo el agua y las olas barrían la cubierta. Las butacas pasaban flotando y se estrellaban contra los lados del barco. La gente se aferraba a las barandas. Algunos se resbalaban y caían por la borda.

Marco rodeó con un brazo la baranda y con el otro, a George.

—Llegó la hora —dijo.

—¿Hora de qué? —preguntó George, aunque sabía de qué se trataba.

Era hora de que el barco se hundiera. No había escapatoria.

Marco sujetó bien a George y ambos pasaron al otro lado de la baranda.

—Vamos a saltar. Cuando lo hagamos, impúlsate tan lejos como puedas —dijo Marco.

George se llenó los pulmones de aire gélido.

—¡Salta! —gritó Marco.

George se impulsó con los pies y saltó. Cerró los ojos, imaginando que tenía unas alas enormes que lo elevarían al cielo. Pero entonces, golpeó el agua y se hundió. Justo cuando pensaba que sus pulmones estallarían, el océano lo escupió de vuelta a la superficie.

Tomó una bocanada de aire. El agua estaba tan fría que parecía como si millones de navajas lo estuvieran apuñalando. Le dolía tanto el cuerpo que no podía moverse. Alguien lo agarró por el chaleco salvavidas y comenzó a arrastrarlo lejos del barco. Le tomó unos segundos darse cuenta de que era Marco. El hombre se detuvo para agarrar una puerta que flotaba. Después de ayudar a George a encaramarse encima, Marco encontró una caja para él. No era lo suficientemente grande como para mantener los pies fuera del agua, pero era mejor que nada. La caja tenía una cuerda atada. Marco se amarró el brazo con la cuerda y le dio el extremo a George.

—Sujétala bien —dijo.

Se voltearon y miraron hacia el barco. La parte delantera estaba bajo el agua y la parte trasera se había levantado. Crujía y chirriaba mientras soltaba chispas. De sus chimeneas salía un humo negro y las luces parpadeaban. Parecía un dragón herido, luchando por su vida.

Y, al fin, pareció darse por vencido. Los crujidos pararon, las luces se apagaron y el *Titanic* se fue hundiendo en las burbujeantes aguas negras hasta que George cerró los ojos. Se negaba a ver cómo el hermoso barco del Sr. Andrews desaparecía.

De pronto, un ruido espantoso los envolvió. Eran los gritos de las personas que pedían ayuda, cientos de voces alzándose como un remolino.

Marco alejó a George de la gente y los escombros. El chico no podía creer cuán fuerte era el hombre, cuán duro pateaba, cómo cortaba el agua con sus brazos.

Cuando finalmente se detuvo, respiraba con dificultad, exhalando frías nubes de humo blanco. Entonces, Marco apretó la cuerda de su brazo y le dio una palmadita a George en el hombro.

—Yo descanso ahora, Giorgio —dijo, sin aliento; cerró los ojos y puso la cabeza sobre la caja—. Pronto —añadió.

¿Pronto qué? George temía preguntar. ¿Pronto acabaría todo? ¿Pronto serían rescatados? ¿O pronto los tragaría la oscuridad?

Entonces, escuchó voces cerca. Miró a su alrededor, aliviado de no estar solo y, para su sorpresa, vio un bote salvavidas justo frente a él.

—¡Marco! —exclamó—. ¡Despierta!

Pero Marco no se movía. Sus brazos colgaban de los lados de la caja mientras sus pies continuaban en el agua helada.

—¡Marco! ¡Necesitamos llegar a ese bote!

Pero Marco estaba inmóvil. George se dio cuenta de que su amigo había agotado todas sus fuerzas. Lo había sacado a él del barco y lo había llevado hasta allí. Ahora todo dependía de él.

George aseguró la cuerda debajo de su cuerpo y comenzó a bracear. El agua le quemaba las manos y los brazos. Estaba tan fría que le parecía agua hirviendo.

Pero no se detuvo hasta que alcanzó el bote. No era un bote de madera común y corriente, era mucho más pequeño y de lona. Había unas diez personas en él, hombres en su mayoría. Se veían aturdidos y congelados. Nadie pronunció una palabra mientras George intentaba aferrarse a uno de los lados del bote, hasta que alguien lo empujó.

—Lárgate —dijo una voz débil—. Nos hundirás a todos.

—Por favor —dijo George—. Necesitamos ayuda.

George volvió a poner la mano sobre el bote, pero de nuevo alguien lo empujó.

El chico haló a Marco hasta el otro lado del bote y lo intentó de nuevo.

Nadie lo ayudó, pero tampoco lo empujaron. Le tomó tres intentos, pero se las arregló para subirse al bote. Ahora tenía que subir a Marco.

Se puso de rodillas y se inclinó, aferrando las piernas contra un lado del bote mientras agarraba a Marco por debajo de los brazos. Haló, pero su amigo estaba amarrado a la caja. Lo intentó de nuevo, tirando de la cuerda, tratando de zafar el nudo con sus dedos congelados, pero el nudo parecía de metal oxidado. George forcejeó y el agua salpicó dentro del bote.

—Déjalo ir —dijo uno de los hombres—. No tiene sentido.

Pero George siguió intentándolo, tratando ahora de desprender la cuerda de la caja. Halaba con tanta fuerza que no se percató de que el mar comenzaba a llevarse a Marco.

—¡Socorro! —gritó al darse cuenta—. ¡Que alguien me ayude!

Una mujer que estaba en la parte delantera del bote se acercó. Llevaba un abrigo negro y un chal de flores en la cabeza. La mujer empujó a George a un lado y sacó algo del abrigo.

¡Un cuchillo! Con gran precisión, cortó la

cuerda y ayudó a George a subir a Marco al bote. Sus brazos eran sorprendentemente fuertes.

George retrocedió, exhausto.

—Gracias —le dijo a la mujer, castañeteando los dientes.

La mujer no dijo nada. Entonces, George se fijó en el cuchillo. Era un cuchillo Bowie con un mango hecho de cuerno de ciervo canadiense.

Por debajo del chal de flores, dos ojos azules brillantes lo miraron. Era el hombre de la cicatriz quien había salvado la vida de Marco. Sin pronunciar palabra alguna, le dio el cuchillo a George y miró a otra parte.

CAPÍTULO 14

El frío era tan intenso que George pensó que los huesos se le quebrarían. Se recostó a Marco, tratando de mantener el calor. Su amigo apenas se movía. Algunos hombres cantaban bajito. Otros rezaban. Otros se mantenían en silencio.

Las horas pasaban. El mar, cada vez más violento, lanzaba olas sobre el bote cada varios minutos. George estaba a punto de quedarse dormido cuando uno de los hombres gritó.

—¡Un barco!

En efecto, una luz brillante se acercaba a ellos.

—No —dijo otro hombre—. Solo está relampagueando.

Pero la luz se volvía cada vez más grande y brillante.

George la miró fijamente, temiendo que desapareciera si pestañeaba, hasta que vio la silueta de un barco gigantesco que se acercaba.

—Ya falta poco. Aguanta —le susurró a Marco, que apenas podía abrir los ojos. Entonces, haló a su amigo hacia sí y comenzó a frotarle los brazos.

A medida que amanecía, George descubría boquiabierto la escena a su alrededor. Era como si hubieran caído en un hueco en medio del océano y hubieran salido del otro lado del planeta. Había muchos icebergs, cientos de ellos, hasta donde se perdía la vista. Los icebergs resplandecían bajo la luz rosada. Eran hermosos pero, al contemplarlos, sintió un escalofrío.

El barco se acercó más y más, y George pudo

ver que era un trasatlántico de vapor, como el *Titanic*. Su nombre era *Carpathia*.

La cubierta estaba abarrotada de gente que miraba el mar. La gente gritaba y agitaba los brazos, pero una voz, tan fuerte como la de una sirena, se escuchó por encima del resto.

—¡Papá! ¡Papá! ¡Giorgio!

Los ojos de Marco se encendieron y el hombre sonrió levemente.

—Enzo —susurró.

George vio al niño, que agitaba sus bracitos frenéticamente, en los brazos de su tía. Phoebe estaba parada a su lado, agitando también los brazos, con la luz del sol reflejada en los anteojos.

—¡Están a salvo, Marco! ¡Lo lograron! —dijo George, y le agarró la mano.

—Y nosotros también —dijo Marco.

CAPÍTULO 15

Los dos primeros días en el *Carpathia* fueron confusos. George durmió la mayor parte del tiempo en una cama hecha de mantas y almohadas en el suelo del salón de primera clase. Y, durante ese tiempo, sintió que su hermana y su tía nunca se apartaron de él. A veces, escuchaba a Enzo cantándole dulcemente en italiano, y sentía su aliento en la mejilla. Escuchaba a su tía y a Phoebe conversar sobre Marco, cuyos pies estaban congelados; sobre los pasajeros del *Carpathia*, que no pudieron ser más solidarios con ellos; y sobre los cientos de personas que no sobrevivieron.

Poco a poco, George se fue recuperando y, en su última noche en el mar, pudo salir a la cubierta con Phoebe. Se sentaron en un banco, envueltos en una manta. Una camarera se acercó y les dio a ambos una taza de leche tibia. Phoebe miró al cielo mientras calentaba sus manos con la taza.

—Vi una estrella fugaz cuando estaba en el bote salvavidas —dijo—. Te imaginarás qué deseo pedí.

George tomó la mano de su hermana. Por supuesto que sabía lo que había pedido.

Dos mujeres se sentaron justo en el banco de al lado. Ambas lloraban. Quizás habían perdido a sus esposos, hermanos o padres. No hubo suficientes estrellas fugaces para todos aquella noche.

Phoebe había dicho que solamente unas setecientas personas habían sobrevivido.

George se inclinó hacia su hermana. Su abrigo olía a agua de rosas. Una señora del *Carpathia* se lo había regalado.

—¿Te has preguntado si realmente había una maldición? —dijo Phoebe de pronto.

Al principio, George no comprendió de qué hablaba. Con todo lo que había sucedido, no había vuelto a pensar en la momia. Pero ahora le parecía muy raro que el barco chocara con el iceberg en el mismo momento en que el hombre de la cicatriz había abierto la caja del Sr. Burrows.

—Supongo que nunca lo sabremos —dijo.

Pero, la noche siguiente, cuando el *Carpathia* se aproximaba al puerto de Nueva York, los hermanos escucharon por casualidad a un hombre flaco y barbudo que le hablaba a un oficial.

—Antes de abordar el *Titanic*, estuve viajando por Egipto. Visité la ciudad de Tebas y exploré la magnífica tumba de una familia real —dijo el hombre.

Los ojos de Phoebe se agrandaron y, antes de que George pudiera detenerla, su hermana se acercó al hombre.

—Disculpe —dijo—. ¿Es usted el Sr. Burrows?

—Sí.

Phoebe respiró profundo.

—Le parecerá muy rara mi pregunta pero, ¿llevaba usted una momia a bordo del *Titanic*? —preguntó.

—¿Una momia? —dijo el hombre, mirando fijamente a Phoebe.

—Sí —respondió la chica—. Dicen que era una princesa.

El Sr. Burrows se veía cansado. No obstante, sonrió.

—Mi princesa —dijo—. Sí.

—Entonces, ¿era una momia?

—No, pequeña —dijo el hombre—. Nadie debe sacar a una momia de su tumba. Da mala suerte. Princesa era mi gata. Murió en el viaje a

Egipto. Por eso hice que la... "prepararan", para poder traerla conmigo.

—Entonces, ¿la princesa era una gata?

—Sí —dijo el hombre con tristeza—. La gata más hermosa del mundo.

Tres horas después, pasadas las nueve en punto, el *Carpathia* atracó en la ciudad de Nueva York en medio de una tormenta. Miles de personas esperaban en el muelle, pero el primer rostro que George vio al bajar la rampa de desembarco fue el de su papá, que se acercó corriendo hasta donde estaban él y su hermana y los abrazó. Todos a su alrededor lloraban de felicidad. Otros simplemente lloraban, y sus lágrimas se mezclaban con la lluvia.

Después del reencuentro, los chicos le presentaron a Marco y a Enzo a su padre, pero no había mucho tiempo para hablar. El tren hacia Millerstown partiría pronto y una ambulancia esperaba para llevar a Marco al hospital.

Afortunadamente, George no tuvo que despedirse para siempre de Marco y Enzo. La tía Daisy se quedaría en Nueva York para ocuparse de Enzo hasta que los pies de Marco sanaran. Y luego, vendrían todos a visitarlos en Millerstown. Al ver la manera en que Marco y su tía se miraban, George pensó que quizás nunca los dejarían de ver, y le encantaba esa idea.

Mientras se dirigían a la estación del tren, los vendedores de periódicos gritaban en cada esquina.

—¡Entérese de los detalles! ¡Los sobrevivientes del *Titanic* en Nueva York! ¡Más de mil quinientos muertos! ¡Entérese de los detalles!

George se tapó los oídos. Quería olvidar todo acerca del *Titanic*. Quería sacarlo de su cabeza para siempre.

CAPÍTULO 16

Pero no podía olvidar. Aun de vuelta en la granja, rodeado de amigos de la escuela y vecinos del pueblo, se sentía como si estuviera a la deriva en medio del océano, y cada día que pasaba sentía que se alejaba más. En las noches, cuando se iba a la cama, veía las caras de todas aquellas personas aterrorizadas en la cubierta G. Veía cómo el océano se tragaba el barco. Recordaba el frío punzante y los gritos de cientos de personas que pedían ayuda. Ni siquiera se esforzaba por quedarse dormido. Cada noche, después de que Phoebe y su papá se iban a la cama, salía al bosque.

Una noche volvía a la casa cuando escuchó un ruido entre los arbustos. Había algo allí, lo podía sentir. ¿Sería la pantera?

Sacó el cuchillo, luchando contra el instinto de salir corriendo, y miró hacia los arbustos. Se quedó boquiabierto. Allí estaba su papá, sentado sobre una gran roca, mirando al cielo y fumando su pipa. Parecía llevar un buen rato allí. Su papá se volteó y lo miró. No parecía sorprendido de verlo.

—Siento haberte asustado —dijo.

—¿Qué estás haciendo aquí? —preguntó George.

—No lo sé —dijo su papá—. A veces vengo cuando no puedo dormir.

George no lo podía creer. ¿Cuántas noches habrían estado ambos en el bosque al mismo tiempo?

Su papá se bajó de la roca y comenzó a caminar de vuelta a casa.

—Te llevaré a tu cama.

—No, papá —dijo George—. Yo también vengo al bosque.

Su papá lo miró y sonrió.

—Lo sé —dijo.

¿Lo sabía? ¿Qué más sabía de él? ¿Qué más ignoraba George sobre su papá?

Padre e hijo se miraron y, por primera vez en mucho tiempo, quizás desde que la mamá de George murió, lo hicieron con franqueza.

De pronto, el chico estalló en llanto. Sus lágrimas lo tomaron por sorpresa y no pudo parar. Lloró por todas las personas que no lograron sobrevivir. Lloró porque él había sobrevivido, y porque sabía que, aunque pasara el tiempo, una parte de él siempre estaría allí en el océano. Nunca olvidaría lo sucedido.

Su papá le tomó la mano y no dijo palabra alguna. Luego, lo ayudó a subirse a la gran roca, donde se sentaron juntos bajo las estrellas.

George miró al cielo. ¿Acaso eran esas las

mismas estrellas que brillaban aquella noche sobre el océano? ¿Acaso era él el mismo chico?

George, el que no podía evitar los problemas. George, el que no se esforzaba en la escuela. George, el que encontró las escaleras de escape. George, el que subió a Marco al bote salvavidas. George, el que no se dio por vencido.

Padre e hijo estuvieron sentados allí por un largo rato y, mientras el sol comenzaba a aparecer entre los árboles, George le contó a su papá sobre el Sr. Andrews.

—Me dijo que algún día yo construiría mi propio barco

Su papá no se rio. Le dio una calada a su pipa, pensativo.

—¿Qué te parece si construimos uno juntos? —dijo—. Un pequeño bote para el lago. Siempre he querido hacer eso.

—Es una buena idea —dijo George—. Una excelente idea.

—Podríamos empezar hoy mismo —dijo su

papá, poniéndose de pie y tomándole la mano a George.

Caminaron juntos hasta la casa. Se escuchaba el dulce canto de los pájaros. Los pollos piaban pidiendo comida. La brisa susurraba entre los árboles. Y a George le pareció que alguien le cantaba tiernamente:

Despierta, despierta.
¡Ya está amaneciendo!
Pero no olvides tus sueños...

Su papá miró hacia bosque, como si también él pudiera escuchar la canción.

MI HISTORIA DEL *TITANIC*

Este libro es una obra de ficción histórica. Esto significa que todos los hechos sobre el *Titanic* son verdaderos, pero los personajes principales surgieron de mi imaginación. George, Phoebe, la tía Daisy, Marco y Enzo están basados en personas que descubrí mientras investigaba sobre el *Titanic*. Cuando terminé de escribir este libro, todos estos personajes ya eran reales para mí.

Ahora puedo ver a George, relajándose en el bote que construyó con su papá, remando en el lago mientras Phoebe mira desde la orilla, donde lee un libro sobre fósiles de dinosaurios. Puedo imaginarme la boda de la tía Daisy y Marco, y a Enzo corriendo con una gran sonrisa en la cara.

Esa es mi parte favorita de ser escritora: tener la oportunidad de darles a mis personajes un final feliz. Si pudiera hacer lo mismo por las 1.517

personas que no sobrevivieron al naufragio del *Titanic*... ¡Qué historia tan triste!

Un día, mientras terminaba el libro, decidí hacer una pausa y me fui a Nueva York con Dylan, mi hijo de once años. Nos detuvimos en uno de mis barrios preferidos, en un parquecito en la intersección de las calles West 106 y Broadway. Era un parque lleno de árboles, con la estatua de bronce de una mujer recostada sobre su lado derecho. Leí las letras doradas grabadas en un banco de mármol y, para mi sorpresa, vi que el parque había sido dedicado a dos famosos neoyorquinos que murieron en el *Titanic*: Isidor e Ida Straus. No podía olvidar el *Titanic* ni tan siquiera por una tarde. Un siglo después, el mundo tampoco ha podido.

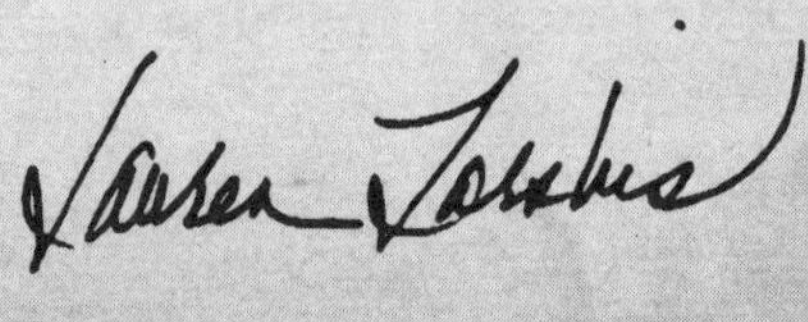

DATOS SOBRE EL *TITANIC*

Se ha escrito más sobre el *Titanic* que sobre cualquier otro desastre en la historia moderna. He tratado de incluir en este libro toda la información posible, y aquí les dejo más datos interesantes.

- El *Titanic* fue el barco más grande —el mayor objeto en movimiento— jamás construido. Su peso era de 50.000 toneladas, aproximadamente, con once pisos de alto y cuatro manzanas de largo.
- Llevaba 2.229 personas a bordo: 1.316 pasajeros y 913 tripulantes. Entre los sobrevivientes había 498 pasajeros y 215 tripulantes.

- Los pasajeros provenían de 28 países diferentes, la mayoría de Estados Unidos, Inglaterra, Irlanda y Finlandia. Había algunos pasajeros de China, Japón, México y Sudáfrica. La mayoría de los tripulantes provenían de Inglaterra e Irlanda.
- Había nueve perros a bordo del *Titanic*. Estos viajaban en jaulas para perros, pero sus dueños podían sacarlos a pasear por la cubierta. Dos pomeranios y un pequinés sobrevivieron junto a sus dueños.
- Después del naufragio del *Titanic*, se crearon leyes que exigían que todos los barcos tuviesen suficientes botes salvavidas para todos los pasajeros y tripulantes.
- Durante décadas, buzos, científicos y cazadores de tesoros buscaron los

restos del *Titanic*. El barco fue localizado finalmente en 1985 por un equipo dirigido por el científico estadounidense Robert Ballard, a 2 1/2 millas por debajo de la superficie del mar. Ballard y su equipo no extrajeron nada del pecio. El Dr. Ballard creía que el *Titanic* debía descansar en paz, en honor a todos los que allí murieron, pero no pudo detener a los cazadores de tesoros que bucearon hasta los restos y extrajeron miles de artefactos: joyas, vajilla, ropas, incluso el casco del barco.

¿Qué crees al respecto? ¿Crees que deberían traer al *Titanic* a la superficie o que deberían dejarlo en paz?

Lauren Tarshis en el monumento a Isidor e Ida Strauss, en la ciudad de Nueva York.
Foto por David Dreyfuss

Lauren Tarshis es la editora de la revista *Storyworks* y la autora de las novelas *Emma-Jean Lazarus Fell Out of a Tree* y *Emma-Jean Lazarus Fell in Love*, ambas aclamadas por la crítica. Vive en Connecticut y puedes encontrarla en **laurentarshis.com**